BEI GRIN MACHT SICH IHR WISSEN BEZAHLT

- Wir veröffentlichen Ihre Hausarbeit, Bachelor- und Masterarbeit

- Ihr eigenes eBook und Buch - weltweit in allen wichtigen Shops

- Verdienen Sie an jedem Verkauf

Jetzt bei www.GRIN.com hochladen und kostenlos publizieren

Bibliografische Information der Deutschen Nationalbibliothek:

Die Deutsche Bibliothek verzeichnet diese Publikation in der Deutschen Nationalbibliografie; detaillierte bibliografische Daten sind im Internet über http://dnb.d-nb.de/ abrufbar.

Dieses Werk sowie alle darin enthaltenen einzelnen Beiträge und Abbildungen sind urheberrechtlich geschützt. Jede Verwertung, die nicht ausdrücklich vom Urheberrechtsschutz zugelassen ist, bedarf der vorherigen Zustimmung des Verlages. Das gilt insbesondere für Vervielfältigungen, Bearbeitungen, Übersetzungen, Mikroverfilmungen, Auswertungen durch Datenbanken und für die Einspeicherung und Verarbeitung in elektronische Systeme. Alle Rechte, auch die des auszugsweisen Nachdrucks, der fotomechanischen Wiedergabe (einschließlich Mikrokopie) sowie der Auswertung durch Datenbanken oder ähnliche Einrichtungen, vorbehalten.

Impressum:

Copyright © 2018 GRIN Verlag
Druck und Bindung: Books on Demand GmbH, Norderstedt Germany
ISBN: 9783668805057

Dieses Buch bei GRIN:

https://www.grin.com/document/441160

Sina Eichler

Kinder psychisch kranker Eltern. Problemlagen und Hilfsangebote. Portfolio

GRIN Verlag

GRIN - Your knowledge has value

Der GRIN Verlag publiziert seit 1998 wissenschaftliche Arbeiten von Studenten, Hochschullehrern und anderen Akademikern als eBook und gedrucktes Buch. Die Verlagswebsite www.grin.com ist die ideale Plattform zur Veröffentlichung von Hausarbeiten, Abschlussarbeiten, wissenschaftlichen Aufsätzen, Dissertationen und Fachbüchern.

Besuchen Sie uns im Internet:

http://www.grin.com/

http://www.facebook.com/grincom

http://www.twitter.com/grin_com

Portfolio

Kinder psychisch kranker Eltern –

Problemlagen und Hilfsangebote

Inhaltsverzeichnis

1. Bibliographie 2

2. Mattejat, Fritz & Lisofsky, Beate (Hg.) (2008). Nicht von schlechten Eltern: Kinder psychisch Kranker. Bonn: BALANCE buch + medien verlag. 4

3. Praxistransfer 9

4. Lernbilanzierung 11

Literaturverzeichnis: 12

1. Bibliographie

Kinder psychisch kranker Eltern - Problemlagen und Hilfsangebote

Jugendhilfe (2009-2014)

Lenz, A. (2014). Kinder psychisch kranker Eltern - Risiken, Folgen und Herausforderungen für die Jugendhilfe. *Jugendhilfe, 52(3)*, 166–175.

Schulz-Du Bois, A. C. (2014). Psychiatrische Krankheitsbilder verstehen - der Kindeswohlgefährdung durch Zusammenarbeit entgegenwirken. Jugendhilfe, 52(3), 175–182.

Braiger, B. (2014). Das Projekt KiP im Landkreis Ravensburg. *Jugendhilfe, 52(3)*, 182–187.

Kilian, S. (2014). FIPS - Schnittstelle Psychiatrie und Jugendhilfe. *Jugendhilfe, 52(3)*, 188-194.

Schmutz, E. (2014). Hilfen aus einer Hand für psychisch erkrankte Eltern und ihre Kinder – leistungsbereichsübergreifend Hilfen gestalten. Jugendhilfe, 52(3), 195–202.

Abel, J., Otto, W., & Schliebs, I. (2014). "Seelensteine". Eine spezialisierte Familienhilfe für Kinder psychisch kranker Eltern. *Jugendhilfe, 52(3)*, 202–209.

Wiegel, D. (2014). Leuchtfeuer Köln. Arbeit mit psychisch kranken Eltern an der Schnittstelle zur Jugendhilfe. Jugendhilfe, 52(3), 210–216.

Schrappe, A. (2014). Erziehungsberatungsstellen als präventive Hilfe für Kinder und ihre psychisch erkrankten Eltern. Jugendhilfe, 52(4), 303-308.

Plass, A., Ohntrup, J. M. & Wiegand-Grefe, S. (2010). Das familienorientierte Forschungs- und Präventionsprojekt CHIMPs (Children of mentally ill parents). Übersicht und aktueller Forschungsstand. *Jugendhilfe, 48(2)*, 71–75.

Gehrmann, J., Söhle, M. & Boida, E. (2009). Kinder psychisch kranker Eltern. Die "vergessenen" kleinen Angehörigen. *Jugendhilfe, 47(1)*, 50–60.

Kindheit und Entwicklung,

Zeitschrift für Klinische Entwicklungspsychologie (2012-2016)

Wiegand-Grefe, S. & Petermann, F. (2016). Kinder psychisch erkrankter Eltern. Kindheit und Entwicklung, 25(2), 63–67.

Pretis, M. & Dimova, A. (2016). Resilienzprozesse bei hochbelasteten Kindern psychisch kranker Eltern. Kindheit und Entwicklung, 25(2), 68–76.

Wiegand-Grefe, S., Alberts, J. & Petermann, F. (2016). Familienfunktionalität und familiäre Beziehungen im Perspektivenvergleich. Effekte einer manualisierten Intervention für Familien mit einem psychisch kranken Elternteil. Kindheit und Entwicklung, 25(2), 77–88.

Hefti, S., Kölch, Michael & Di Gallo, A. (2016). Welche Faktoren beeinflussen, ob psychisch belastete Kinder mit einem psychisch kranken Elternteil Hilfen erhalten? *Kindheit und Entwicklung, 25(2),* 89–99.

Plass, A., Haller, A.-C. & Habermann, K. (2016). Faktoren der Gesunderhaltung bei Kindern psychisch belasteter Eltern. Ergebnisse der BELLA-Kohortenstudie. *Kindheit und Entwicklung, 25(1),* 41-49.

Wiegand-Grefe, S., Cronemeyer, B. & Plass, A. (2013). Psychische Auffälligkeiten von Kindern psychisch kranker Eltern im Perspektivenvergleich. Effekte einer manualisierten Familienintervention. Kindheit und Entwicklung, 22(1), 31-40.

Wiegand-Grefe, S., Werkmeister, S. & Bullinger, M. (2012). Gesundheits-bezogene Lebensqualität und soziale Unterstützung von Kindern psychisch kranker Eltern. Effekte einer manualisierten Familienintervention. Kindheit und Entwicklung, 21(1), 64-73.

2. Mattejat, Fritz & Lisofsky, Beate (Hg.) (2008). Nicht von schlechten Eltern: Kinder psychisch Kranker. Bonn: BALANCE buch + medien verlag.

Rezensentin:

Sie hat 2013 die Ausbildung zur staatlich anerkannten Ergotherapeutin beendet und arbeitete zunächst drei Jahre in einem gemeindepsychiatrischen Kontext. Sie verstärkte die Arbeitstherapie für junge Erwachsene mit diagnostizierter psychiatrischer Diagnose sowie Patient/Innen mit Doppeldiagnose und übernahm die Leitung für die tagesstrukturierenden Angebote. 2016 wechselte die Rezensentin zu einem Anbieter der integrativen Versorgung in den Krisendienst und begleitet als Fallmanagerin Menschen in herausfordernden Lebenssituationen. Sie übernimmt verschiedene Aufgaben der Krisenprävention und -begleitung. 2018 hat sie die systemische Weiterbildung „offener Dialog" mit dem Fokus auf Netzwerkarbeit in Krisensituationen absolviert.

Autoreninformation:

Prof. Dr. phil. Fritz Mattejat wurde 1945 geboren. Nach seinen zahlreichen Ausbildungen als Diplom-Psychologe, Kinder- und Jugendpsychotherapeut und psychologischer Psychotherapeut ist er heute leitender Psychologe der Klinik für Kinder- und Jugendpsychiatrie und Psychotherapie der Universität Marburg. Er kann auf mehr als 40 Jahre Berufserfahrung zurückblicken. Darüber hinaus ist er im Vorstand und als Ausbildungsleiter des Instituts für Verhaltenstherapie und Verhaltensmedizin an der Phillips-Universität Marburg tätig.
Er ist als namhafter Verfasser und Herausgeber mehrerer Lehrbücher zum Thema Psychiatrie und Psychotherapie im Kindes- und Jugendalter bekannt und erhielt 2013 den Diotima-Ehrenpreis der Bundespsychotherapeutenkammer. Sein systemisch geprägter Blick für Familienzusammenhänge machte ihn auf Kinder psychisch kranker Eltern aufmerksam. Mattejat legte seine Forschungsschwerpunkte auf diese Gruppe, denn sie sind bis heute einem besonders erhöhten Risiko ausgesetzt, selbst an psychischen Störungen zu erkranken.

Beate Lisofsky, geboren 1958, arbeitete zunächst als diplomierte Journalistin, anschließend als Redakteurin der Psychosozialen Umschau und seit 2000 ist sie Pressesprecherin des Bundesverbandes der Angehörigen psychisch Kranker e.V..

Publikationsabsicht:

Die 2008 im BALANCE Verlag erschienene Neuausgabe ist eine Überarbeitung des im Psychiatrie Verlag verlegten, gleichnamigen Erstwerks. Ziel der Autorenschaft ist es, die Kommunikation mit betroffenen Kindern und Familien zu fördern, Informationen zu bisher tabuisierten Erkrankungen zu veröffentlichen und Wahrnehmungen, sowie Handlungsalternativen aus der Sicht von Betroffenen und professionell Tätigen zu beschreiben.
Seit der Erstausgabe sind bereits zahlreiche Entwicklungen vollzogen worden. Dennoch propagiert das Buch zu mehr Akzeptanz von psychischen Störungen, versucht Stigmatisierungen entgegen zu wirken und führt einen langsamen, aber beobachtbaren, Bewusstseinswandel auf. Auf der Grundlage der empirisch nachgewiesenen Effizienz sollen die politischen Rahmenbedingungen für Präventivangebote in der Jugendhilfe verbessert werden. Nicht nur die finanziellen Gegebenheiten erschweren adäquate Entwicklungsmöglichkeiten für Kinder psychisch kranker Eltern, auch institutionelle Strukturen benötigen Entwicklung und Engagement, um Fortschritte in der Präventiv- und Krisenversorgung zu erreichen.
Dieses Buch soll allen Betroffenen Mut zusprechen. Über die Erfahrungsberichte ist es möglich, dass sich Professionelle aller Fachrichtungen ebenso wie betroffene Kinder im Erwachsenenalter, als auch psychisch kranke Eltern mit der Thematik identifizieren und wertfrei in Lösungsideen mit einbezogen werden.

Aufbau:

Die Publikation gliedert sich in drei große Teile und beginnt mit einem einladenden Vorwort der beiden Herausgeber Mattejat und Lisofsky. Im 1. Teil (70 Seiten) werden dem Leser unter der Überschrift „Mit der Psychiatrie groß werden: Zur Situation der Kinder psychisch Kranker. Berichte von Kindern und Eltern" 7 Erfahrungsberichte eröffnet.
Der 2. Teil (60 Seiten) enthält Wissenswertes zur Entwicklung der Kinder und ihren Familien und ist in 6 Kapitel untergliedert. An jedes Kapitel schließt ein Literaturverzeichnis an.
Im 3. Teil werden daran anknüpfend, verschiedene praktische Hilfen in 7 Kapiteln vorgestellt. Anschließend wird dem Leser im 12-seitigen Anhang eine Checkliste zur Risikoeinschätzung von Kindern psychisch erkrankter Eltern, Literaturempfehlungen sowie weitere unterstützende Internetadressen zur Verfügung gestellt. Abschließend werden die Herausgeber und Autoren aufgeführt.

Inhalt:

Im 1. Teil werden die Gefühle, Wahrnehmungen, Hilfebedarfe und alltagsrelevante Einschränkungen auf persönlichen Erfahrungen von betroffenen Kindern, Angehörigen und psychisch kranken Eltern basierend, abgebildet. Jedes Kapitel bezieht sich auf eine spezifische psychische Störung und verdeutlicht die entsprechende Symptomatik und Auswirkungen für das Umfeld. Im 1. Kapitel beschreibt Wiebke Scherber als Tochter einer an Schizophrenie erkrankten Mutter, ihr kindliches Erleben. Im 2. Kapitel führt dieses die Tochter einer depressiven Mutter aus. Im 3. Kapitel erfahren die Leser eine psychische Erkrankung aus der Perspektive einer Mutter, die das Zusammenleben mit ihrer Tochter darstellt. Im folgenden Kapitel schildert eine Familie, die seit 2 Generationen mit den Auswirkungen von psychischen Erkrankungen lebt, ihre Erfahrungen. Susanne Webel beschreibt im 5. Kapitel ihre Wahrnehmungen im Zusammenhang mit ihrer Mutter, die unter einer bipolaren Störung litt. Im 6. Kapitel berichtet Susanne Webel über die Folgen der Krankheit ihrer Mutter für ihre Kindheit und fordert dazu auf, Kinder aus der Verantwortung für ihre kranken Eltern zu holen. Im 7. Kapitel nimmt die Hilfebedarfe von Eltern und Kindern in Krisensituationen in den Fokus und Susanne Heim, Autorin dieses Kapitels, betont die Notwendigkeit der sensiblen und verantwortungsvollen Unterstützung aller Beteiligten.

Der 2. Teil beginnt mit Kapitel 8. In diesem stellt Fritz Mattejat zunächst die aktuellen Forschungserkenntnisse zur Verteilung und Heritabilität psychischer Erkrankungen dar und skizziert Entwicklungsverläufe unter Berücksichtigung der aufkommenden Belastungs- und Resilienzfaktoren. Das folgende Kapitel, geschrieben von Albert Lenz, informiert den Leser über Resilienzförderung, Krisenplan und Netzwerkarbeit. Michael Franz verdeutlicht im 10. Kapitel die Relevanz der Vernetzung von der Erwachsenen- mit der Kinder und Jugendpsychiatrie. Im 11. Kapitel wird diese auf den Bereich der ambulanten Psychotherapie übertragen. Susanne Wunder beschreibt die Notwendigkeit der kindgerechten Aufklärung über psychische Störungen im familiären Umfeld und führt konkrete Umsetzungsideen an. Im 12. Kapitel klärt Reinhold Schone den Leser über die rechtlichen Zusammenhänge institutioneller Leistungen in Bezug auf Sorgerechts- und Kindeswohlfragen auf, um gesellschaftlich bekannten Stigmata entgegenzuwirken.

Der 3. Teil der Publikation beginnt mit der Darstellung von Mutter-Kind-Angeboten. Kapitel 13 bezieht sich auf eine Mutter-Kind-Behandlung nach dem Heppenhelmer Modell, das 14. Kapitel beschreibt eine interaktionszentrierte Mutter-Kind-Therapie. Andreas Schrappe stellt im anschließenden Kapitel die Beratungsstelle Würzburg vor und berichtet über Erfahrungswerte. In Kapitel 16 stellt Susanna Staets KIPKEL, ein ambulantes Präventionsprojekt vor. Das Angebot konzentriert sich auf stationär behandelte Eltern und sichert die weitere Beratung von

Eltern und Kindern auch nach dieser Zeit. Der Leser erhält über ein Fallbeispiel konkrete Vorstellungen von dem Konzept. AURYN, ein weiteres Präventionsangebot wird von Ines Lägel im 17. Kapitel vorgestellt und die charakteristischen resilienzfördernden Maßnahmen erläutert. Im vorletzten Kapitel wird dem Leser ein Patenschaftsmodell dargestellt. Das 19. Kapitel, geschrieben von Christian Deneke, beinhaltet einen Rückblick auf 15-jährige Netzwerkarbeit in Hamburg.

Diskussion:

Fritz Mattejat und Beate Lisofsky ermöglichen in ihrem Werk einen umfassenden Überblick über die Risiken und Chancen für Kinder psychisch kranker Eltern. Über die leichtverständliche Ausdrucksweise und die im Layout herausstechenden Tipps und Hinweise wird das Buch zum niedrigschwelligen Ratgeber. Die kurzen Kapitel ermöglichen dem Leser einen schnellen Einblick in für ihn relevante Thematiken und können auch einzeln und unabhängig von den anderen Kapiteln gelesen und verstanden werden.

Besonders beeindruckend wirken die im 1. Teil prägnant und realitätsnah geschilderten Erfahrungen der Betroffenen „Als Kind musste ich lernen, das Weinen zu unterdrücken – jetzt ist mir das Lachen vergangen" (Heim, 2008). Die Entwicklungsgefährdungen in Form von Loyalitätskonflikten, Tabuisierung, Parentifizierung, Stigmatisierungsprozessen oder Trennungserfahrungen werden für den Leser erfahrbar. Der Bedarf an Veränderungen der bisherigen Strukturen, aktuell massiv geprägt durch Ausschluss aus der Behandlungsplanung und dem Behandlungsverlauf, wird betont. Der, in der Anlage ausführlich formulierte, Fragebogen zur Risikoeinschätzung entspricht den aktuellen Forschungserkenntnissen. Dies ermöglicht erstmals nicht nur ausgebildetem Fachpersonal eine Einschätzung, sondern auch Angehörigen und Freunden, das Risiko der Kinder selbst zu erkranken oder Beeinträchtigungen aufgrund der Erkrankung der Eltern davon zu tragen, zu bewerten. Dieses Instrument ermöglicht es, frühzeitig Präventionsmaßnahmen und Kriseninterventionen zu installieren.

Obwohl Reinhold Schone im 2. Teil die rechtlichen Grundlagen zu Sorgerecht und Kindeswohl zusammenfasst, besteht die Gefahr, dass den Betroffenen vorschnell die Eigenverantwortung genommen wird und Stigmatisierungsgedanken hinsichtlich vermuteter, mangelnder Erziehungskompetenzen verfestigt werden. Albert Lenz verweist auf die, bis ins Erwachsenenalter spürbaren, Auswirkungen für Kinder psychisch kranker Eltern und belegt nicht nur die Entstehung von psychischen Störungen mit der Heritabilität, sondern auch aufgrund der Kumulation von „Stressereignissen und [...] Dauerstress" (Lenz, 2008). Um diesen entgegenzuwirken wird der Aspekt der Resilienzförderung besonders hervorgehoben.

Die im 3. Teil beschriebenen Modelle und Initiativen werden inhaltlich und funktional kritisch dargestellt, jedoch wird der Leser nicht auf die Komplexität der Antragsstellung hingewiesen. Auch die in Deutschland streng formulierten Zugangskriterien, sowie die begrenzte Verfügbarkeit entsprechender Angebote werden sehr begrenzt beschrieben. Beim Lesen entsteht der Eindruck, dass die mangelnde Umsetzung an knappe finanzielle Förderungen gekoppelt ist. Jedoch bleibt das Interesse der zunehmend wirtschaftlich orientierten psychiatrischen Einrichtungen, diese zu unterbinden, fast unerwähnt. Ein zarter Hinweis darauf kann in der Aufforderung zu einer besseren Vernetzung von Erwachsenpsychiatrie und Jugendhilfe erkannt werden.

Fazit:

Fritz Mattejat und Beate Lisofsky haben den Bedarf erkannt und eine Fachpublikation herausgebracht, die sich nicht nur an professionell Tätige richtet, sondern auch Betroffene und Angehörige, insbesondere die bisher oftmals vergessenen Kinder der Erkrankten, anspricht.
Besonders deutlich wird in allen Kapiteln des Buches „Nicht von schlechten Eltern", dass die Bedürfnisse der Kinder und Jugendlichen lange Zeit nicht wahrgenommen wurden. Hinsichtlich dem, aus der elterlichen Krankheit resultierenden, erhöhten Risiko für die kindlichen Entwicklungsgefährdungen wird der akute Handlungsbedarf sehr deutlich.
Zeitgleich dient dieses niedrigschwellige Werk als Ratgeber und liefert fundierte, ressourcenorientierte Ansätze als Lösungsstrategien. Fachlich fundiertes Wissen kann über die Beispiele und Hinweise von den Lesern praxisbezogen bzw. auf alltägliche Situationen transferiert werden. Betroffene werden wertschätzend angesprochen und Hemmschwellen abgebaut.
Diese Literatur unterstützt methodisch und didaktisch den noch nicht vollendeten Bewusstseinswandel und den Umgang mit psychisch erkrankten Menschen und derer Symptome.

3. Praxistransfer

Unser Unternehmen ist eine gemeinnützige gGmbH und mein Arbeitsfeld bezieht sich auf die im SGB V verankerte, integrierte Versorgung. Dies beschreibt eine sektorenübergreifende Versorgungsform im Gesundheitswesen. Das Angebot unseres „ambulanten Krisendienstes" richtet sich an Menschen mit einer psychiatrischen Störung und wird von kooperierenden Krankenkassen finanziert, um stationäre Behandlungen zu vermeiden. Es basiert auf einer freiwilligen Teilnahme und enthält verschiedene Bausteine, die bedarfsorientiert eingesetzt werden können. Beispielhaft zu nennen sind eine 24 stündige Erreichbarkeit, Krisenplanung, Netzwerkarbeit bis hin zu der Möglichkeit, eine Rückzugswohnung während der akuten Krise zu nutzen, anstatt eine oftmals langwierige stationäre Behandlung in Anspruch zu nehmen. Das Angebot wird den Teilnehmern für drei Jahre vertraglich zugesichert und ist mitunter durch kontinuierliche Beziehungsarbeit geprägt.

Die Leitidee basiert auf einem eigenverantwortlichen Leben, das über Netzwerkarbeit und Krisenplanung größtmögliche Stabilität erhält. In Krisenphasen kann auf unsere Unterstützung situativ zurückgegriffen werden. Dadurch werden im weiteren Sinne auch die Angehörigen, insbesondere die Kinder der Familien entlastet.

Vielfach findet man in der Fachliteratur die Bezeichnung „vergessene Risikogruppe". Asmus Finzen, ein bekannter Sozialpsychiater, hat mit diesem Begriff für Kinder psychisch kranker Eltern auf das erhöhte Risiko und gleichzeitig den präventiven Handlungsbedarf hingewiesen (Wiegand-Grefe, Halverscheid & Plass 2011, S. 454). Die vertrauensvolle Zusammenarbeit beugt in erster Linie der Kumulation von Belastungsereignissen vor, die nach Lenz die Entwicklung von psychischen Auffälligkeiten und Störungen bei Kindern begünstigen (Lenz, 2005, S. 25). Wie bereits erwähnt, ist es für die Betroffenen ebenso wie für die Angehörigen von großer Bedeutung, angenommen und wertgeschätzt zu werden. Das Begegnen auf Augenhöhe ermöglicht erstmals einen offenen Dialog und über das Einbringen persönlicher Bedürfnisse und Erfahrungen in die Zusammenarbeit, entsteht ein Gefühl von Selbstwirksamkeit. Deutlich wird, dass mit der Dauer der Erkrankung und einhergehenden Einschränkungen im täglichen Leben zunehmend Scham- und Schuldgefühle entwickelt werden. Gesellschaftliche Stigmatisierungsprozesse verstärken dies und können zur Ausgrenzung führen.

Meine Beobachtungen bestätigen, dass Kinder die Wahrnehmung haben, dass es nicht angebracht sei, außerhalb der Familie über familiäre Probleme zu sprechen (Plass & Wiegand-Grefe, 2012, S. 25). Moderierte Netzwerkgespräche geben im geschützten Rahmen die Möglichkeit, bisher Unausgesprochenes zu benennen, bzw. Kommunikationsstrukturen zu verändern. Oftmals erzeugen moderierte Gespräche nach dem Konzept des offenen Dialogs, das „einander Verstehen" [Herv.d.A]. Lenz erläutert, dass aus diesen Beeinträchtigungen in Kommunikation und Verhalten in der frühen Kindheit dysfunktionale Muster entstehen können, welche eine psychische Störung begünstigen (Lenz, 2005, S. 58f.).

Die Krisenplanarbeit ermöglicht ein frühzeitiges Intervenieren, sobald Frühwarnzeichen von den Betroffenen oder Angehörigen registriert werden und sie sich entsprechende, vorher geplante Hilfen einfordern. Der Krisenplan entsteht aus narrativen Erfahrungen der Betroffenen und Angehörigen. Sie übernehmen dabei die Rolle der „Experten für sich selbst" [Herv. d. A.]. Definiert werden die persönliche Krise, Frühwarnsymptome, Bewältigungsstrategien und die miteinzubeziehenden Personen. Parentifizierung kann durch kurzzeitige Verantwortungsübernahme durch Dritte vermieden werden. Unser multiprofessionelles Team berät und begleitet, verfügt über Wissen zu den einzelnen Krankheitsbildern und kann über ein breitgefächertes Netzwerk zu anderen Beratungsstellen und ambulanten Institutionen vermitteln.

Deneke et al. greifen die Aufklärung und Psychoedukation als bedeutsamen präventiven Ansatz auf, um Resilienzfaktoren zu stärken (Deneke, Beckmann & Dierks, 2008, S.67). Kinder, die bereits in den frühen Kindheitsjahren wiederholt und länger von einem Elternteil getrennt wurden – beispielsweise aufgrund einer stationären Behandlung – sind vermehrt dem Risiko einer eigenen Erkrankung im Erwachsenenalter ausgesetzt (Plass & Wiegand-Grefe, 2012, S.43). Auch die Vernetzung mit dem Jugendamt wird als hilfreich empfunden und kann, entgegen der vorherigen Vermutung, als Hilfe und nicht als Begrenzung erfahren werden.

Die Möglichkeit eines kurzfristigen Aufenthalts in der Rückzugswohnung stellt eine Alternative zur stationären Behandlung dar. Während dieser Zeit begleitet bei Bedarf eine ausgebildete Fachkraft bis zu 24 Stunden. Zu Beginn können persönliche Prioritäten definiert und entsprechend dem Wunsch nach Konfliktklärung, Ruhe, Aktivierung oder Tagesstrukturierung berücksichtigt werden. Um eine zeitnahe Überleitung in das persönliche Lebensumfeld und somit wieder Normalität zu ermöglichen, können weitere Netzwerkgespräche und fachärztliche Kontakte angeboten werden. In der Regel liegt die durchschnittliche Aufenthaltsdauer bei 6 Tagen. Anschließend können die entlastenden Unterstützungsleistungen sukzessive reduziert und die selbstwertfördernde Ressourcenarbeit maximiert werden. Eine anschließende Evaluation des Angebots fließt erweiternd in die gemeinsame Arbeit mit ein.

Bisher gibt es zwar lediglich Erkenntnisse über die bestätigte Wirksamkeit auf die Gesundheitsförderung der meist erwachsenen Teilnehmer, jedoch ist anzunehmen, dass diese langfristig auf deren Kinder überträgt, da die Belastungsfaktoren für die Kinder von psychisch kranken Eltern reduziert werden.

4. Lernbilanzierung

Aufgrund meiner ergotherapeutischen Ausbildung und praktischen Tätigkeit in der Arbeit mit psychisch erkrankten Menschen verfüge ich über ein breitgefächertes Grundwissen. Jedoch habe ich während den Seminartagen inhaltlich meinen Kenntnisstand ausbauen und festigen können. Weiter stellte ich, dass es sich für mich lerntechnisch effizient gestaltet, mit Menschen aus anderen Berufsfeldern und Fachbereichen auszutauschen und zu diskutieren, um neue Perspektiven einnehmen zu können. Zudem habe ich erkannt, dass es spezifischere Schulungen und Fortbildungen bedarf, um mein Wissen zu vertiefen und mich in dem Umgang mit Betroffenen kompetent zu fühlen. Diese Beobachtung hat mich dazu motiviert, mich mit dem aktuellen Fortbildungsangebot auseinander zu setzen.

Eine mir neue Methode der Vertiefung ist das Selbststudium, da ich bisher immer das Gefühl hatte, Arbeiten nach Auftrag auszuführen. Mit dem Arbeitsauftrag konnte ich mein Interessensgebiet, Kinder von psychisch kranken Eltern, intensiver beleuchten und neue Erkenntnisse zusammenstellen. Diese möchte ich meinem Team vorstellen und werde in der nächsten Teamsitzung die Checkliste zur Risikoeinschätzung für Kinder von Betroffenen einbringen und versuchen, die Versorgung der Kinder in Krisensituationen mit in unseren Krisenplan aufzunehmen.

Auch wenn es mir im ersten Moment eine unbekannte Vorgehensweise war, hat mich das Erstellen des Portfolios zum Thema *Kinder psychisch kranker Eltern – Problemlagen und Hilfsangebote* in meiner persönlichen Entwicklung unterstützt. Das Seminar habe ich zum Einem aus dem Grund belegt, dass es thematisch meine berufliche Praxis abbildet und mein aktuelles Wissen erweitert, zum anderen aber auch, um durch ein im Studienverlaufsplan zusätzliches Modul, eines der folgenden ersetzen zu können. Das bedeutet zwar aktuell eine Mehrbelastung, führte aber im Weiteren zur Optimierung meines Zeitmanagements.

Im Austausch mit meinen Vorgesetzten und Kollegen hat sich abgezeichnet, dass der Umgang mit traumatisierten Menschen nicht nur für mich eine tägliche Herausforderung darstellt und es ist die Idee entstanden, einen Seminartag für alle Mitarbeiter der 3 Standorte zu organisieren. Darüber habe ich mich wertgeschätzt gefühlt und mich als selbstwirksam erlebt. Zusammenfassend möchte ich das Seminar als inhaltlich und formale Bereicherung für mein Studium, aber auch meine Persönlichkeit im beruflichen und privaten Kontext, bewerten.

Literaturverzeichnis:

Deneke, C., Beckmann, O. & Dierks, H. (2008). Präventive Gruppenarbeit mit Kindern psychisch kranker Eltern, In: Lenz, A. & Jungbauer J. (Hrsg.): Kinder und Partner psychisch kranker Menschen. Belastungen, Hilfebedarf, Interventionskonzepte. (S. 63-79) Tübingen: dgvt- Verlag.

Heim, S. (2008). Den Kindern Raum geben. In: Mattejat, F. & Lisofsky, B. (Hg.) (2008). Nicht von schlechten Eltern: Kinder psychisch Kranker. Bonn: BALANCE buch + medien verlag.

Lenz, A. (2005). Kinder psychisch kranker Eltern. Göttingen: Hogrefe.

Lenz, A. (2008). Kinder und ihre Familien gezielt unterstützen. In: Mattejat, F. & Lisofsky, B. (Hg.) (2008). Nicht von schlechten Eltern: Kinder psychisch Kranker. Bonn: BALANCE buch + medien verlag.

Mattejat, F. & Lisofsky, B. (Hg.) (2008). Nicht von schlechten Eltern: Kinder psychisch Kranker. Bonn: BALANCE buch + medien verlag.

Plass, A. & Wiegand-Grefe, S. (2012). Kinder psychisch kranker Eltern. Entwicklungsrisiken erkennen und behandeln, 1. Auflage. Weinheim, Basel: Beltz.

Wiegand-Grefe, S., Halverscheid, S. & Plass, A. (2011). Kinder und ihre psychisch kranken Eltern. Familienorientierte Prävention – Der CHIMPs-Beratungsansatz. Göttingen: Hogrefe Verlag.

BEI GRIN MACHT SICH IHR WISSEN BEZAHLT

- Wir veröffentlichen Ihre Hausarbeit, Bachelor- und Masterarbeit

- Ihr eigenes eBook und Buch - weltweit in allen wichtigen Shops

- Verdienen Sie an jedem Verkauf

Jetzt bei www.GRIN.com hochladen und kostenlos publizieren